Bibliografische Information der Deutschen Nationalbibliothek:

Die Deutsche Bibliothek verzeichnet diese Publikation in der Deutschen National-
bibliografie; detaillierte bibliografische Daten sind im Internet über http://dnb.d-
nb.de/ abrufbar.

Impressum:

Copyright © 2015 GRIN Verlag, Open Publishing GmbH
Druck und Bindung: Books on Demand GmbH, Norderstedt Germany
ISBN: 978-3-668-03297-2

Dieses Buch bei GRIN:

http://www.grin.com/de/e-book/305143/die-erstellung-von-rich-internet-applications-
ein-vergleich-von-aktuellen

Jan Schmidtken

Die Erstellung von Rich Internet Applications. Ein Vergleich von aktuellen Frameworks

GRIN Verlag

GRIN - Your knowledge has value

Der GRIN Verlag publiziert seit 1998 wissenschaftliche Arbeiten von Studenten, Hochschullehrern und anderen Akademikern als eBook und gedrucktes Buch. Die Verlagswebsite www.grin.com ist die ideale Plattform zur Veröffentlichung von Hausarbeiten, Abschlussarbeiten, wissenschaftlichen Aufsätzen, Dissertationen und Fachbüchern.

Besuchen Sie uns im Internet:

http://www.grin.com/

http://www.facebook.com/grincom

http://www.twitter.com/grin_com

Rich Internet Application

Ein Vergleich von aktuellen Frameworks

Industrieseminar

vorgelegt von: Jan Schmidtken

am: 6. Januar 2015

Abstract

Rich Internet Applications (im folgenden als RIA abgekürzt) erhalten mit der Evolution des Internets eine immer größere Bedeutung, dadurch wachsen auch die Anforderungen, die es zu erfüllen gilt. Die vorliegende Arbeit möchte einen Einblick in Technologien bieten und versucht diese mit Blick auf die Anforderungen von RIAs zu bewerten.

Inhaltsverzeichnis

1. Einleitung

In diesem Kapitel wird die Motivation für diese Arbeit vorgestellt, sowie deren Ziel.

1.1 Motivation

Internet Anwendungen haben seit Beginn des Web einen enormen Wandel durchlaufen, von einzelnen Dokumenten und statischen Websites über dynamische Webanwendungen bis hin zu Desktop ähnlichen Anwendungen.
Im Zuge dessen sind die Anforderungen, die an aktuelle Internet Anwendungen gestellt werden stetig gestiegen. In diesem Kontext hat sich der Begriff Rich Internet Applications (RIA) etabliert und steht für Web-Anwendungen, die in Ihrem Look-And-Feel Desktop-Anwendungen immer ähnlicher werden. Der etablierte Standard zur Entwicklung von RIAs, sind Ajax Frameworks, welche auf HTML/JavaScript und CSS basieren.

Mit der Veröffentlichung von JavaFX in der Version 2 bzw. Version 8 (JDK 8) hat Oracle eine interessante Alternative zum klassischen Ansatz auf den Markt gebracht. Diese soll es ermöglichen, Anwendungen zu entwickeln, die den heutigen Anforderungen gerecht werden.

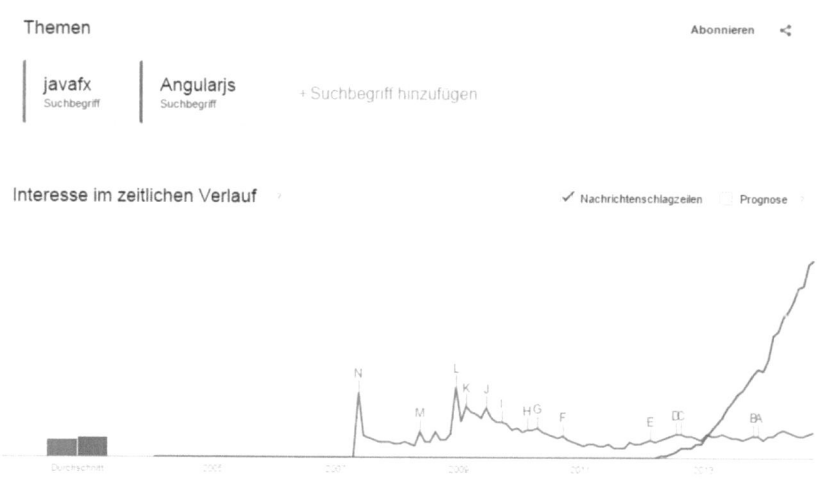

Abbildung 1: Interesse im Zeitlichen Verlauf Google Trends[Goo14]

Vergleicht man bei Google Trends (Abbildung 1.) AngularJS (rot), als Vertreter für die Ajax-basierten Frameworks mit JavaFX (blau), kann man feststellen, dass der
Durchschnitt der Suchanfragen sich annähert. Das aktuelle Interesse zeigt jedoch, dass der etablierte Ansatz häufiger angefragt wird als die Neuentwicklung von Oracle.

1.2 Ziel der Arbeit

Das Ziel der vorliegenden Arbeit ist es, Alternativen beim Erstellen von Rich Internet Applications aufzuzeigen.

Neben AngularJS als Vertreter für die klassischen Ajax-basierten Frameworks wird JavaFX als alternativer Ansatz vorgestellt.

Darüber hinaus werden die Frameworks anhand von verschiedenen Kriterien bewertet, um schließlich ein Fazit über die Verwendung ziehen zu können.

2. Grundlagen

Seit der Veröffentlichung des ersten Webbrowsers „WorldWideWeb" von Tim Berners-Lee hat sich das Internet rasant von einem simplen Documentsharing System zum heutigen Web 2.0 entwickelt. [Gru12]

Aus diesem Grund behandelt dieser Abschnitt die grundlegenden Begrifflichkeiten zum Thema Rich Internet Application, die verschiedenen Arten sowie deren spezielle Charakteristika.

2.1 Classic Internet Application

Zu Beginn des World Wide Web basierten klassische Internet Anwendungen auf einzelnen statischen HTML-Dokumenten, die auf einem Webserver bereitgestellt wurden.

browser client

user interface

HTTP request

http(s) transport

HTML+CSS data

web server

datastores, backend processing, legacy systems

server-side systems

classic
web application model

Abbildung 2: Prinzip der Klassischen Web-Anwendungen [Far07]

Nutzer hatten die Möglichkeit zwischen den einzelnen Dokumenten über Links zu navigieren. Wenn ein Nutzer einen bestimmten Link ausgewählt oder eine URL aufgerufen hat, wurde ein HTTP-Request an den Server gesendet, die Seite mit einer HTTP-Response zurückgeliefert und angezeigt. Dieses synchrone -Verfahren wird in Abbildung 2 verdeutlicht.

Da die Anforderungen an Web-Anwendungen mit der Zeit weiter zunahmen, kamen weitere Ergänzungen zum bis dato vorherrschenden HTML-standard hinzu. Zum Ende der 1990er Jahre wurde Dynamic HTML eingeführt, welches das klassische Modell um dynamische Aspekte wie Cascading Stylesheets(CSS) und JavaScript erweitert. [Gru12]

Zusätzlich zu diesen Neuerungen entstanden viele weitere Technologien wie Adobe Flash und Apple QuickTime, die das Web um bereits vom Client bekannte Möglichkeiten erweitert haben.

Diese Änderungen führten zu einem Umbruch bei der Entwicklung von Web-Anwendungen. Das klassische Modell konnte auf diese nicht mehr angewendet werden.

In diesem Kontext entstanden neue Begriffe wie, Web 2.0 und Rich Internet Application, letzterer ist auch das Thema der Arbeit und wird im Folgenden erläutert.

2.2 Rich Internet Application

Den Begriff Rich Internet Application zu definieren ist nicht einfach, da mit RIA ein großer Bereich von Anwendungen klassifiziert wird. Marianne Busch und Nora Koch definieren dies folgendermaßen:

Rich Internet Applications (RIAs) are web applications, which use data that can be processed both by the server and the client. Furthermore, the data exchange takes place in an asynchronous way so that the client stays responsive while continuously recalculating or updating parts of the user interface.
On the client, RIAs provide a similar look-and-feel as desktop applications and the word "rich" means particularly the difference to the earlier generation of web applications. RIAs are basically characterized by a variety of interactive operating controls, the possibility of on-/offline use of the application, and the transparent usage of the client and server computing power and of the network connection. [Bus09]

Generell ist diese Definition ziemlich passend, jedoch muss man anführen, dass die Limitierung auf Web-Anwendungen und somit die Verwendung von Webbrowsern zu klein gefasst ist.

Florian Moritz führt hierzu an:

Some are of the opinion that RIAs must run in a browser and applications with facilities named above, that run without this environment, are Desktop Applications. The definition cannot be limited to Web browsers, only because most of the RIAs today run inside one. But in near future the role of browsers as the main RIA platform seem to vanish. [Mor08]

Die folgende Abbildung(Abb. 3) soll aufzeigen welche Arten von Anwendungen unter den Begriff Rich Internet Application fallen(Vertikales Rechteck) mit Blick auf die Anteile von Client- und Serververarbeitung(Horizontales Rechteck).

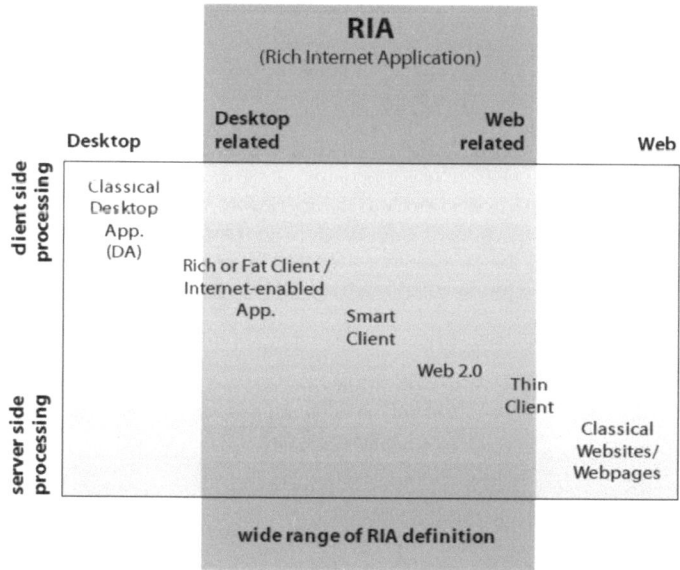

Abbildung 3: Kategorien von RIA und Server-/Clientseitige Verarbeitung[Mor08]

Wie man sehen kann, umfasst dieses Themengebiet nicht nur Web 2.0 und Webanwendungen, sondern auch generelle Client Anwendungen deren Verarbeitung nicht nur Clientseitig stattfindet.

In dieser Ausarbeitung werden vor allem die Rich Client Apps betrachtet, wobei hier zwischen Ajax- und Client-basierte RIAs unterschieden wird.

Abschließend wird für diese Arbeit Rich Internet Application folgendermaßen definiert:

Rich Internet Applications(RIAs) sind Anwendungen, welche Daten verwenden, die sowohl auf dem Server als auch auf dem Client verarbeitet werden. Näher werden die Daten asynchron ausgetauscht, sodass der Client durchgehend antworten kann und bei Erhalt der Informationen das Userinterface entsprechend aktualisiert.
An den Client werden dabei besondere Anforderungen gerichtet, da er im Look-and-Feel, Desktop Anwendungen ähneln muss. Der Terminus Rich soll lediglich die Anwendungen von den früheren Internet Anwendungen abgrenzen.

2.3 Ajax-basierte RIA

Wenn man von Web 2.0 und Rich Internet Application spricht, kommt einem als erstes diese Variante in den Sinn. Ajax ist aus aktuellen Web Anwendungen nicht mehr wegzudenken. Seien es komplexe Business-Anwendungen oder nur die Autovervollständigung bei der Google Suche nahezu überall wird diese Technologie verwendet.

Aber was ist Ajax überhaupt, J.J. Garrett definiert dies folgendermaßen:
Ajax isn't a technology. It's really several technologies, each flourishing in its own right, coming together in powerful new ways. Ajax
incorporates:
standards-based presentation using XHTML and CSS;
dynamic display and interaction using the Document Object Model;
data interchange and manipulation using XML and XSLT;
asynchronous data retrieval using XMLHttpRequest;
and JavaScript binding everything together. [Gar05]

Betrachtet man dies im Vergleich zu dem klassischen Modell sieht man sowohl die Unterschiede als auch die Gemeinsamkeiten. Zusätzlich zu den bestehenden Technologien wie XHTML, CSS und DOM wird hier die synchrone- durch eine asynchrone Kommunikation mit XML oder JSON als Transportmedium und JavaScript als Programmiersprache ersetzt.

Die Abbildung 4 soll den Unterschied zwischen den Kommunikationsarten verdeutlichen.

Bei der klassischen Kommunikation wird eine Anfrage an den Server gesendet und dort verarbeitet, in dieser Zeit wartet der Client auf die Antwort und kann nicht weiterarbeiten. Aufgrund dessen können langen Wartezeiten entstehen, die zu einem schlechten Nutzererlebnis führen.

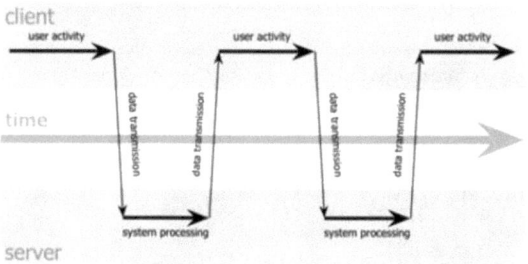

classic web application model (synchronous)

Ajax löst diese Problematik, in dem Client eine Ajax-Engine hinzugefügt wird, die die Anfrage an den Server sendet, jedoch nicht auf eine Antwort wartet, sondern den Client direkt freigibt.

Während der Server seine Verarbeitung durchführt, können auf dem Client bereits die nächsten Vorgänge gestartet und an den Server gesendet werden. Wird eine Aufgabe abgeschlossen so wird eine Antwort vom Server an die Ajax-Engine des Clients gesendet. Diese wird im Browser angezeigt oder gegebenenfalls verworfen, wenn sie nicht mehr benötigt wird.

Ajax web application model (asynchronous)

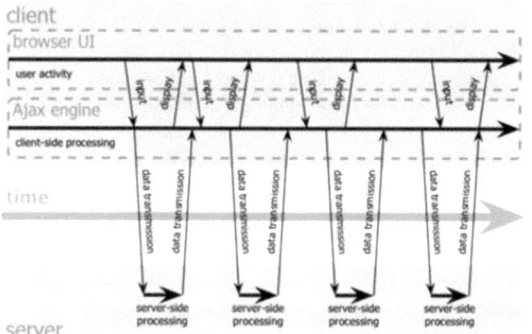

Abbildung 4: Vergleich Ajax- und Klassische Web Anwendungen [Gar05]

2.4 Client-basierte RIA

Client-basierte RIA ähneln vom Kommunikationsmodell den Ajax-basierten sehr, jedoch wird hier auf den Einsatz von Ajax verzichtet und es werden ähnliche Technologien verwendet. Die Kommunikation läuft asynchron und sie sind komplett von Ajax, HTML und Webbrowsern unabhängig.

Ein besonderer Vorteil ist, dass es nicht nötig ist das Look-And-Feel einer Desktop Anwendung möglichst gut nachzubauen, da diese nativ läuft und dies mitbringt.

3. Alternativen

Dieses Kapitel vergleicht zwei Alternativen für die oben genannten Arten von Rich Internet Applications anhand von verschiedenen Kriterien.

3.1 Frameworks

Um die Thematik praktisch zu untermalen werden folgend zwei Frameworks vorgestellt. Dies ist zum einen AngularJS als Vertreter für die Ajax-basierten und JavaFX als Client-basiertes Framework.

3.1.1 JavaFX

Oracle hat gemeinsam mit dem JDK 8, JavaFX in seiner neuen Version vorgestellt. Doch was ist JavaFX eigentlich? Es ist ein UI-Toolkit was den Anforderungen moderner Oberflächenentwicklung gerecht werden soll. In diesem Abschnitt wird auf dieses Framework näher eingegangen, die Architektur erläutert und der Grund genannt, warum gerade dieses, in Bezug auf RIA, thematisiert wird.

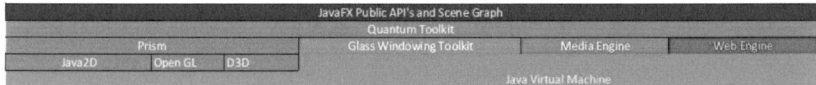

Abbildung 5: JavaFX-Architektur [Jav13]

Die Grundlage bildet hier, wie bei Java-Anwendungen generell, zunächst die JavaVirtualMachine, die den Bytecode ausführt. Darauf aufbauend liegen Abstraktionsschichten für die einzelnen Teile von JavaFX. Das Rendering der Komponenten wird von D3D (Windows), OpenGL oder Java2D übernommen, letzteres ist bei JavaFX jedoch nur ein Fallback, da es leider nicht besonders performant ist. Zwischen dem JavaFX-Scene Graph und den Renderingschnittstellen liegt Prism, ein Modul, das zwischen JavaFX und dem Betriebssystem vermittelt. Die weiteren Module, das Glass Windowing Toolkit und die Media Engine, die Webengine sind für die Anzeige von Fenstern, Dialogen und Web inhalten sowie das Abspielen von Sounds zuständig. Oberhalb dieser nativen Schichten, die betriebssystemspezifisch sind, vermittelt das Quantum Toolkit, um der JavaFX API einen einheitlichen Zugriff auf die Ressourcen zu geben.

Neben dieser plattformunabhängigen und umfangreichen Architektur bietet JavaFX dem Entwickler zunächst die bekannte Komponentenbibliothek aus Fenster-, Eingabe-, Container-, Formen- und Tabellenkomponenten. Zusätzlich dazu gibt es die bereits angesprochenen Web- und Mediakomponenten und erstmals native Diagramme (Kuchendiagramm, Balkendiagramm). Es ist also mit der mitgelieferten Bibliothek bereits möglich, Informationen für den Nutzer sehr ansprechend aufzubereiten. Sollte einem dies jedoch nicht genügen, kann man bequem neue Komponenten definieren und bestehende erweitern. Die bereits aus Swing bekannte Definition der GUI im Java-Programm hat bei JavaFX eine deskriptive Konkurrenz bekommen. Und zwar ist es möglich die Oberflächen jetzt in einer FXML-Datei definieren. FXML ist ein XML-ähnliches Format das die Komponenten und Attribute enthält und zur Laufzeit dynamisch ausgewertet werden kann. Wer bei diesem Ansatz an (X)HTML denkt liegt nicht weit fehl, da es nämlich zusätzlich möglich das Aussehen der Komponenten über CSS zu manipulieren. Hier muss man jedoch Anmerken, dass dieses nur an das „Web-CSS" angelehnt ist und eigene Styles definiert.

JavaFX bietet dem Entwickler viele Möglichkeiten, nicht nur auf einfache Art und Weise ansprechende Oberflächen gestalten zu können, sondern ist auch direkt durch Java plattformunabhängig. Diese Anforderungen müssen erfüllt sein um mit webbasierten Lösungen konkurrieren zu können, da in diesem Feld deren große Stärke liegt.

3.1.2 AngularJS

Das zweite Framework, welches in dieser Arbeit behandelt werden soll, ist AngularJS. Dies ist ein client-seitiges JavaScript Framework zur Erstellung von Single-page Webapps.

Die Architektur von Angular ist an das Model View Controller (MVC) Pattern angelegt und auf JavaScript angepasst, genauer wird ein „Model View ViewModel"-Prinzip eingesetzt. Durch dieses Prinzip wird eine Anwendung, die mit diesem Framework geschrieben ist, in einzelne Einheiten aufgeteilt, die jeweils ihre eigene Aufgabe erfüllen. Abbildung 6 erläutert dieses Prinzip näher.

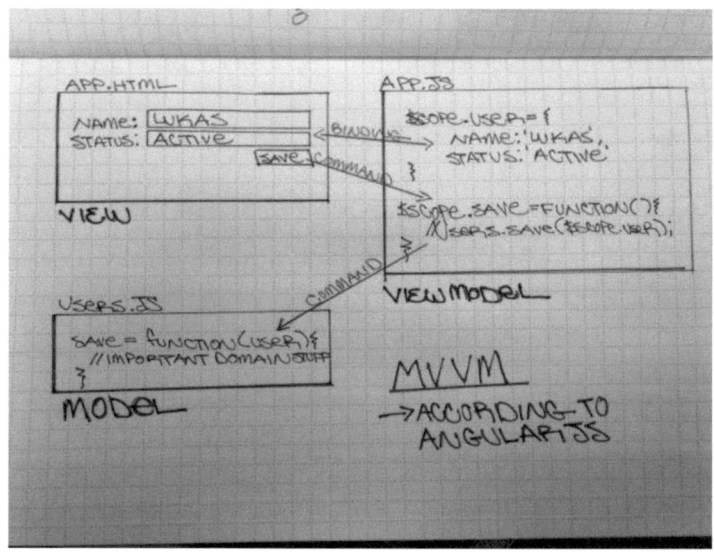

Abbildung 6: MVVM AngularJS [For12]

Wie man in dieser Abbildung sieht, wird HTML als View verwendet. Somit kann man zusammenfassend sagen, dass AngularJS-Anwendungen aus den klassischen Web-Technologien HTML, JavaScript und CSS bestehen.

Neben dem Vorteil einer strukturierten Entwicklung bietet AngularJS weitere Features, wie zum Beispiel Dependency Injection(DI) und die Möglichkeit, eigene Tags zu erstellen. Alles in allem führt dies zu einer effizienteren Entwicklung mit JavaScript und erlaubt es Webanwendungen zu erstellen, die mit anderen Lösungen konkurrieren können.

3.2 Gegenüberstellung

Dieses Kapitel vergleicht die beiden vorgestellten Frameworks anhand von verschiedenen Kriterien und soll die Unterschiede, Vor- und Nachteile erläutern.

3.2.1 Handhabung

Wenn man Frameworks betrachtet, ist es wichtig sich mit dem Thema Handhabung auseinanderzusetzen. Genauer geht es hier darum, wie gut Anwendungen mit einem kleinen oder großen Umfang umgesetzt werden können und ob das entsprechende Framework gut skaliert.

Betrachtet man in diesem Kontext AngularJS und generell HTML/JavaScript-Anwendungen, bemerkt man, dass der Aufwand zur Erstellung von RIAs, die eine Vielzahl von Oberflächen und eine breite Geschäftslogik enthalten, mit der Größe des Projekts exponentiell steigt. In diesem Fall schneiden andere Programmiersprachen und deren Frameworks, wie Java/JavaFX, besser ab.

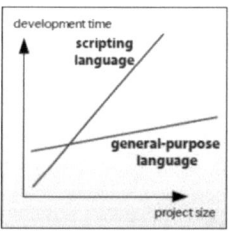

Ein weiterer Aspekt der die Projektgröße maßgeblich beeinflusst, ist der spätere Anwender, der mit der Software arbeiten soll. Entwickelt man eine Geschäftsanwendung, muss diese wesentlich mehr und benutzerspezifischere Anforderungen erfüllen als ein Webauftritt mit einer „anonymen" Nutzerbasis.

Einen weiteren maßgeblichen Anteil am Entwicklungsaufwand haben zudem die Nutzungsumgebung und die Portabilität, welche im folgenden Abschnitt näher erläutert wird.

Abbildung 7: Entwicklungszeit zu Projektgröße[Mor08]

3.2.2 Portabilität

Mit Portabilität ist gemeint, dass eine Anwendung auf möglichst vielen Plattformen und Ausführungsumgebungen ohne große Änderungen funktioniert. Gerade im Bereich der Web-Technologien hat dies Vor- und Nachteile. Ein besonderer Vorteil ist, dass die entwickelte Anwendung direkt plattformunabhängig ist, da nur ein Browser als Ausführungsumgebung vorhanden sein muss. Gleichzeitig ist dieser Vorteil aber auch der größte Nachteil, da es eine Vielzahl von unterschiedlichen Browsern gibt die von der Webanwendung unterstützt werden müssen. Somit sind je nach Framework große Änderungen nötig.

AngularJS bietet in diesem Fall standardmäßig eine sehr gute Unterstützung für Safari, Chrome, Firefox, Opera 15, IE9 und die mobilen Browser Chrome mobile, IOS Safari. [Ang14] Durch die Verwendung dieses Frameworks beschränkt sich somit der Aufwand zum Anpassen der Anwendung auf die UI-Technologien CSS und HTML.

JavaFX als Clientframework hat den Vorteil, dass es auf Java-basiert und somit dem WORA-Prinzip folgt und betriebssystemunabhängig ist. Dieser Vorteil hört leider auf, wenn es um die Unterstützung von mobilen Betriebssystemen geht, da die JVM auf diesen nicht verfügbar ist. Durch die Veröffentlichung von JavaFX im OpenJDK hat die Community jedoch diverse Portierungen entwickelt, um das UI-Tooolkit auf mobilen Geräten verfügbar zu machen. Somit ist ähnlich wie bei den Webtechnologien, mit ein wenig Anpassung, eine Unterstützung für alle gängigen Betriebssysteme gewährleistet.

Bei der Entwicklung der Oberfläche unterscheidet sich jedoch das Clientframework nicht vom Webframework, da auch hier einige Anpassungen notwendig sind. Gerrit Grunwald hat in seinem Vortrag „JavaFX Everywhere" eine kleine Beispielanwendung vorgestellt und die Codeanpassungen an der Oberfläche für die einzelnen Geräte in einer Tabelle zusammengefasst.

	DESKTOP	IPAD	NEXUS 7	CUBOX-I	RASPBERRY PI	SMART-WATCH
DESKTOP		12	14	24	78	79
IPAD	12		9	22	78	78
NEXUS7	14	9		20	79	79
CUBOX-I	24	22	20		77	77
RASPBERRY PI	78	78	79	77		27
SMART-WATCH	79	78	79	77	27	

Abbildung 8: Codeanpassung JavaFX Everywhere[Gru14]

Alles in allem kann man zum Thema Portabilität zusammenfassen das beide Technologien beim Thema Plattformunabhängigkeit miteinander konkurrieren können. Des Weiteren ist der Aufwand zum Anpassen der Oberfläche für die einzelnen Geräte auch ungefähr gleich.

3.2.3 Deployment

Der Größte Vorteil von Anwendungen die mit Webtechnologien wie JavaScript und HTML entwickelt wurden ist der „zero Installation"- Aufwand da nur ein Webbrowser benötigt wird um diese auszuführen. Als Gegenargument kann man hier, wie bereits im Kapitel Portabilität anführen, dass viel Aufwand betrieben werden muss, um möglichst viele Browser zu unterstützen.

Um eine Konkurrenz darstellen zu können bietet die Java-Welt hier diverse Technologien mit dennen der Aufwand beim Deployment möglichst gering gehalten wird. Die beiden größten Nachteile bei Java- und Client-Anwendungen liegen im Deployment und dem bereitstellen einer geeigneten JRE.

Bei JavaFX kann letzteres Problem sehr einfach gelöst werden, da direkt Routinen bereitgestellt werden um die JRE direkt mit der JavaFX-Anwendung zu „bundlen". Somit ist es möglich auf jedem Gerät direkt eine Lauffähige Anwendung zu deployen. Leider hat auch dieser Vorgang Nachteile und zwar betrifft dies den Speicherbedarf der durch die Integrierte JRE steigt.

Bleibt noch der eigentliche Deploymentvorgang, der als zweites wichtiges Kriterium ins Gewicht fällt. Dieser kann durch die Verwendung von Java - Webstart eine Technologie die es ermöglicht eine Java-Anwendung zu installieren und regelmäßig ohne Aufwand zu aktualisieren. Ein weiterer Vorteil von Webstart ist das dies auch die Nachteile der ersten Lösung ein wenig minimiert, da hierbei abgesichert wird das eine aktuelle JRE installiert ist.

Über diese beiden Methoden ist es möglich sowohl den Deploymentvorgang als auch den Konfigurationsaufwand zu minimieren. Somit kann JavaFX als Clientlösung mit dem „zero installation" von Webtechnologien wie AngularJS konkurrieren.

3.2.4 Testbarkeit

Neben den bereits angesprochenen Themen spielt die Qualität bei der Softwareentwicklung eine große Rolle, in diesem Kontext werden die beiden vorgestellten Frameworks auf ihre Testbarkeit analysiert.

Generell gibt es, da beide Frameworks auch UI-Technologien enthalten, zwei Dinge, die getestet werden müssen. Zum einen ist dies die Programmlogik und zum anderen die entwickelte Oberfläche, letztere soll in dieser Ausarbeitung kurz angesprochen aber nicht tiefer thematisiert werden.

Da JavaFX ein Framework der Javawelt ist, ist es möglich die klassischen Technologien zum Testen der Anwendung zu verwenden. Als Standard hat sich hierbei JUnit etabliert, mit dem automatisierte, wiederholbare Testfälle definiert werden können. Es ist so bequem möglich, die Programmlogik unter gleichen Bedingungen zu testen.[Jav13]

Im Vergleich dazu bietet JavaScript nicht direkt eine Unterstützung für das Automatisierte Testen, jedoch wurden von der Community diverse Frameworks entwickelt. Hier sei Jasmine anzuführen, ein Behaviour-Driven-Testframework, das die Möglichkeit bietet seinen JavaScript Code in den Unterschiedlichen Browsern automatisiert zu testen. Da AngularJS mit der Anforderung entwickelt wurde, eine möglichst gute Testbarkeit zu bieten ist dieses gut in Kombination mit Jasmine zu verwenden. [Ang14] Neben Jasmine empfiehlt AngularJS noch das Testframework Karma aks Alternative oder Zusatz zu den Behaviour-Driven-Tests.[Ang14]

Zum Testen von mit AngularJS erstellten Single-Page-Application ist das Framework Selenium anzuführen, mit diesem ist es möglich automatisierte Oberflächentests für die Webanwendung zu erstellen. Selenium unterstützt alle gängigen Webbrowser und ist somit zum Testen gut geeignet.

Auch bei JavaFX ist es möglich die Oberfläche zu testen. Ein Framework hierfür ist TestFX welches sich sehr gut in JUnit integrieren lässt. Somit ist es möglich neben der Programmlogik auch die Oberfläche zu testen.[Jav13]

Alles in allem sei zum Thema Testbarkeit zu sagen das es diverse Frameworks gibt, um sowohl die Programmlogik als auch die Oberfläche bei beiden Technologien zu testen. Leider ist der Aufwand beim Testen einer Webanwendung größer, da man auf die unterschiedlichen Ausführungsumgebungen eingehen muss.

4 Zusammenfassung und Ausblick

In diesem abschließenden Kapitel wird die Thematik zusammengefasst und die Ausarbeitung kritisch reflektiert, abgeschlossen wird alles mit einem Ausblick, wie das Thema weitergeführt werden kann.

4.1 Zusammenfassung

In diesem Abschnitt soll die vorliegende Arbeit nochmal zusammengefasst werden und die Ergebnisse kurz erläutert werden.

Rich Internet Application sind Anwendungen deren Verarbeitung, parallel auf dem Client und auf dem Server stattfindet. Die Daten werden asynchron ausgetauscht und verarbeitet. An den Client werden hierbei besonderer Anforderungen gestellt, da er im Look-and-Feel Desktop Anwendungen entsprechen muss. In dieser Arbeit wurde weiterhin unterschieden zwischen Client und Ajax-basierte Rich Internet Applications.

Zwei Frameworks die diesen Anforderungen gerecht werden sind JavaFX und AngularJS, die ebenfalls in dieser Arbeit vorgestellt wurden. Abschließend wurden beide Frameworks anhand von diversen Kriterien verglichen, die hier kurz tabellarisch aufgelistet werden.

Kriterium	JavaFX	AngularJS
Handhabung	Der Entwicklungsaufwand steigt Linear mit der Projektgröße	Exponentieller Anstieg des Entwicklungsaufwands mit steigender Projektgröße.
Portabilität	Plattformunabhängig, da Java-basiert. Portierungen auf aktuelle Betriebssysteme vorhanden, dabei sind jedoch Anpassungen an der Oberfläche nötig. Portierungen auf mobile Betriebssysteme noch im Aufbau.	Unterstützung vieler Ausführungsumgebungen nötig. Daher viele Änderungen an Oberfläche und Programmlogik
Deployment	Webstart und JVM Bundle um den Aufwand beim deployment zu minimieren.	„Zero installation" da nur ein Browser benötigt wird und die Anwendung auf dem Server liegt.
Testbarkeit	JUnit zum Erstellen von Tests für die Programmlogik. Für Oberflächentests gibt es die Möglichkeit über Frameworks wie TestFX JUnit zu erweitern.	JavaScript bietet keine Standard testwerkzeuge. Communityprojekte wie Jasmine und Karma unterstützen beim Testen. Um die Oberfläche und Logik in den verschiedenen Browsern zu testen kann man Selenium verwenden.

4.2 Kritische Reflexion

Generell war bei dieser Ausarbeitung die Literaturrecherche ein wenig problematisch und nicht so erfolgreich wie ich mir erhofft habe. Des Weiteren ist das Thema auch nicht ganz so geworden wie ich es mir zu Beginn vorgestellt habe und es ist fraglich, ob diese beiden Frameworks auf diese Weise vergleichbar sind. Generell lag der Schwerpunkt eher auf dem Vergleich von Rich Internet Applications einmal als Client Anwendung und andererseits als Webbasierte Lösung mit einer kurzen Vorstellung von zwei Beispielen.

4.3 Ausblick

Die vorliegende Arbeit behandelt nur zwei Frameworks, mit dennen es möglich ist Rich Internet Applications zu realisieren. Im weiteren Verlauf ist es möglich weiter Frameworks zu untersuchen oder alternativ die beiden angesprochenen auf weitere Kriterien zu untersuchen.

Des Weiteren kann man um den Begriff Rich Internet Application näher zu beschreiben auch weitere Arten betrachten. In dieser Arbeit wurde lediglich der Part „Client-Anwendung"/"Hybride" behandelt da AngularJS und JavaFX auf dem Client ausgeführt werden.

Literatur

[Goo14]   GOOGLE TRENDS   *Google Trends.*

                URL *http://www.google.de/trends/explore#q=JavaFX%2C%20AngularJS&cmpt=q*

[Gru12]   Real-time Collaboration Support for Javascript Frameworks, Technische Universität Dresden, Franz Josef Grüneberger

                URL: http://hnk.ffzg.hr/bibl/iti2007/107%20Information%20Society/107-03-166.pdf

[Far07]   Rich Internet Applications The Next Stage of Application Development, Grand Valley State University Allendale, Jason Farrell George S. Nezlek

[Mor08]   Rich Internet Application (RIA): A Convergence of User Interface Paradigms of Web and Desktop Exemplified by JavaFX, Fachhochschule Kaiserslautern, Florian Moritz

                URL http://www.flomedia.de/download/diploma/documents/DiplomaThesisFlorianMoritz.pdf

[Bus09]   Rich Internet Application – State-of-the-Art, Ludwig-Maximilians-Universität München, Marianne Busch Nora Koch

[Gar05]   Ajax: A New Approach to Web Applications, Adaptive Path, Jesse James Garrett

                URL http://www.adaptivepath.com/ideas/ajax-new-approach-web-applications/

[Jav13]   JavaMagazin Ausgabe 5.2013 JavaFX

[For12]   AngularJS in Action, Brian Ford Lukas Ruebbelke

[Ang14]   https://docs.angularjs.org/misc/faq , Letzter Aufruf: 22.11.14

[Gru14]   http://vimeo.com/99657409 Gerrit Grundwald: 22.11.14